MÉLANGES CH. APPLETON

A PROPOS
DU CONTRAT ESTIMATOIRE

PAR

E. THALLER

Professeur honoraire à la Faculté de Droit de l'Université de Lyon,
Professeur à la Faculté de Droit de l'Université de Paris.

LYON

A. REY, IMPRIMEUR-ÉDITEUR DE L'UNIVERSITÉ
4, RUE GENTIL, 4

1903

MÉLANGES CH. APPLETON

A PROPOS
DU CONTRAT ESTIMATOIRE

PAR

E. THALLER

Professeur honoraire à la Faculté de Droit de l'Université de Lyon,
Professeur à la Faculté de Droit de l'Université de Paris.

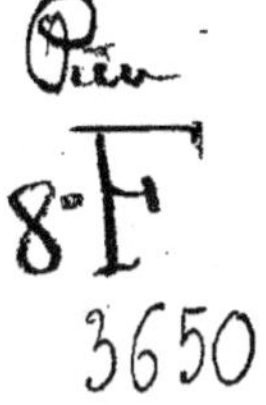

LYON

A. REY, IMPRIMEUR-ÉDITEUR DE L'UNIVERSITÉ
4, RUE GENTIL, 4

1903

A PROPOS DU CONTRAT ESTIMATOIRE

Ce livre présenterait une lacune si les amis absents ne s'offraient à y collaborer. Le livre n'y perdrait rien, mais certaines affections auraient gardé le silence, et elles tiennent à s'exprimer. Les collègues actuels d'Appleton ne sont pas les seuls à évoquer, au moment où l'on célèbre l'anniversaire de son titulariat, la carrière scientifique qu'il a déjà si bien remplie, ses états de services si riches en travaux de bonne marque.

A cet hommage d'estime et de sympathie, d'autres désirent se joindre. Ce sont ceux qui, ayant professé autrefois dans la même maison que lui, ont conservé des bonnes heures d'entretien passées ensemble le souvenir, ce n'est pas assez dire, l'empreinte des idées qui caractérisent son talent.

L'essai sans prétention qui va suivre aura, à défaut d'autre mérite, l'avantage de montrer à notre romaniste que le bon grain qu'il a jeté lève jusque dans le champ du voisin, puisque nous avons la conviction de plus en plus ferme que les lois modernes perdraient leur sens en cessant de se raccorder avec le passé, et que le droit romain, si fort décrié dans certains milieux, continue à projeter sur le nôtre une lumière des plus vives, pourvu, bien entendu, qu'on fasse état des transformations que ce droit a subies au cours des siècles. Personne autant qu'Appleton n'a insisté, dans l'école actuelle, sur cette continuité des œuvres législatives et des pratiques juridiques, sur ce pont jeté entre l'antiquité et les temps modernes par des institutions de droit privé qui ont évolué sans doute dans l'intervalle sous l'empire de nécessités nouvelles, mais qui n'ont point disparu pour céder la place à d'autres. Qui n'a été séduit par les pages dans lesquelles Appleton se pose la question de savoir si l'action publicienne est encore aujourd'hui de nature à servir les intérêts de la pratique[1]? Comment n'être pas impressionné par celles, marquées elles aussi de cette pointe vive, de cet *acumen* en possession de toutes les nuances, où il relève dans la banque romaine les précédents de la convention de compte courant[2], ou, dans la faillite romaine, le rôle de privilège occupé par la compensation par suite d'une très saine interprétation des volontés, comme le font aujourd'hui des lois importantes[3]?

Je place cette courte monographie sous l'inspiration de la méthode qui a tant de fois réussi à Appleton. Nous possédons, dans notre droit commercial, une convention qui a concouru à élargir considérablement la portée géographique des marchés, et qu'on peut considérer comme de toute première importance, bien qu'elle ait subi un certain recul à mesure que la représentation de commerce tendait à se substituer à elle. Je parle de la convention de commission.

Elle a formé l'aliment d'une profession, celle de commissionnaire, qui a elle-même édifié de nombreuses fortunes; ce qui n'est pas surprenant, si l'on songe à quel point y est limité le risque, cessant de concerner les variations de valeur de la marchandise, et ne portant plus que sur une insolvabilité de clientèle.

La doctrine moderne a moulé la commission dans les formes du mandat, non pas du mandat-représentation ou organe de transmission de la voix du donneur d'ordre, mais du mandat romain, du mandat ancienne manière qui fixait sur la tête du mandataire les créances et les dettes contractées pour compte. Rien n'est plus naturel. L'industriel ou le négociant recourt à un commissionnaire, lorsqu'il s'agit pour lui d'acheter ou de vendre dans un milieu qui ne le connaît pas lui-même et qui ne peut mesurer le degré de crédit que méritent soit sa solvabilité ou son exactitude à payer, soit les qualités de sa production. Il faut que cet industriel emprunte, au sens littéral du mot, la « personnalité » de l'agent qui va opérer à son compte dans le cercle où se trouvent les vendeurs ou inversement les acheteurs de la marchandise. On ne traiterait pas directement avec lui, mais on traitera avec l'agent, parce que c'est celui-ci qui inspire confiance au public de la place ou de la région. Force est

---

[1] *Histoire de la propriété prétorienne*, 2e vol., ch. xxviii, p. 375 et suiv.

[2] *Histoire de la compensation en droit romain*, ch. iii, § 7, p. 105 *(compensatio argentarii)*.

[3] *Op. cit.*, même ch., §§ 29 et suiv., p. 168 *(deductio du bonorum emptor)*.

pour l'agent de devenir débiteur des tiers avec lesquels il s'est mis en rapport, bien que l'affaire qu'il a négociée concerne les intérêts d'un autre. Cet autre demeurera dans la coulisse, le commissionnaire a agi en son nom propre. En vertu d'une juste symétrie, il est également devenu créancier des engagements pris par le tiers, sauf à faire état à son commettant de ces engagements et à lui en transmettre l'émolument lorsqu'il rendra ses comptes.

La construction du mandat romain était tout à fait apte à abriter cette convention. Dans la décomposition qu'il fait de la commission, l'interprète, aujourd'hui, procède de la même façon que les anciens jurisconsultes romains, lorsqu'ils analysaient le mandat. Il n'est pas jusqu'à la théorie de la revendication dans la faillite du commissionnaire du prix de vente de la marchandise (art. 575, al. 2, C. comm.), qu'on n'ait rattachée à la cession implicite d'actions entre mandataire et mandant.

Toutefois, ce n'est aucunement sur cette analogie, sur cette similitude extérieure de la commission moderne et du mandat romain que le présent article désire appuyer. Bien au contraire. Un rapprochement d'origine ne serait pas fondé. Sans doute, la commission n'a pas cru mieux faire, pour préciser la nature et la portée des liens entre-croisés de commettant à commissionnaire et à tiers, que de prendre modèle sur le mandat du Digeste. Mais cette adaptation ne se produisit qu'assez tard, à la fin du moyen âge, au commencement de l'ère moderne. Le mandat ne servit pas du temps de l'Empire romain aux fins que la commission réalise aujourd'hui, et c'est aussi d'un tout autre vêtement que celui du mandat que s'est habillée la commission, dans les premiers siècles où les hommes de commerce en firent usage. La prise par la commission du style de l'ancien mandat, n'a pas été, à proprement parler, une restauration, mais plutôt une transposition d'architecture.

Les connaisseurs en matières de chartes font dériver la commission moderne de la « convention de commande », convention d'ordre très imprécis, assez souple pour se prêter à des desseins divers, et dont on constate l'emploi aussitôt après que l'Occident se fut ressaisi du désordre des invasions [1]. Ce contrat de commande suppose

---

[1] Les recherches récentes faites dans les archives de Venise, notamment par Sacerdoti et par Arcangeli, nous signalent un précurseur de la *commenda* dans

que des valeurs, que des marchandises ont été remises par une personne à une autre, avec l'ordre de les consacrer à une spéculation, de réaliser avec bénéfice les objets ainsi confiés. L'une des deux parties, le *commendator* donne le capital; l'autre, le *tractator*, fournit son activité qu'elle exercera généralement loin du lieu où la convention s'est conclue. Elle recevra un émolument à raison du concours qu'elle prête à l'opération : une quote-part dans le profit. Faut-il penser, avec Goldschmidt[1], que la commande fut une survivance romaine, tombée en un droit vulgaire, défigurée par des hommes qui n'avaient plus le souci d'une langue et de définitions rigoureuses, et chez qui le souvenir des catégories des prudents s'était plus ou moins effacé ? Convient-il de croire, avec le même auteur, guide habituellement sûr et maître dans l'art de classer les sources d'histoire, que cette pratique, dans laquelle se mêlaient à l'origine les clauses les plus disparates, a pris à la longue plus de précision en se démembrant ? Cette souche primitive aurait poussé des branches d'une très riche floraison qui aujourd'hui contribuent à la prospérité du commerce. Des institutions, en apparence étrangères les unes aux autres, auraient ainsi un ancêtre commun, ancêtre qu'elles ont perfectionné par la loi bien connue de la spécialisation organique.

De la commande découlerait la « société en commandite[2] ». — « Le prêt à la grosse aventure », avec les traits propres que le moyen âge a donnés à ce moyen de crédit déjà pratiqué par les Romains, par les Grecs et peut-être par les Phéniciens, aurait lui aussi ressenti l'influence de la commande[3]. Confier une cargaison à un capitaine pour qu'il la vende à l'étranger à profit commun, ou lui confier un capital pour qu'il l'emploie à s'acheter une cargaison ou qu'il rembourse à destination, avec le principal, un intérêt comme une part forfaitaire de bénéfice, ne sont-ce pas deux opérations de même famille ? — La commande aurait concouru encore à donner son tour à la « lettre de change[4] » : au lieu de faire dépendre la restitution de la somme

l'*implicita* que négociait le capitaine avec ses bailleurs de fonds, et cela dès les xie et xiie siècles.

[1] *Universalgeschichte des Handelsrechts*, p. 91 et 255.

[2] *Op. cit.*, p. 269 et 270.

[3] *Op. cit.*, p. 256 et 346.

[4] *Op. cit.*, p. 412 et s.

de l'heureuse arrivée du navire, on convient qu'elle sera rendue à
tout évènement : le *commendator* s'affranchit du risque de naufrage,
c'est une de ces conventions par lesquelles l'associé s'exonère des
pertes. — Enfin la commande aurait engendré la « commission », par
suite de la substitution, au profit de l'intermédiaire ou *tractator*, d'une
redevance ferme, d'un tantième du prix de vente ou du prix d'achat
à un tantième sur les bénéfices nets de la spéculation[1]. Ce n'est
qu'après que la commission eut conquis son autonomie sur l'ancienne commande, dont elle était issue, qu'on songea à l'encadrer
dans l'appareil du mandat romain. En réalité, ce mandat n'avait été
pour rien dans sa formation[2].

Je ne me hasarderai pas à discuter ces conjectures. Les personnes
qui vivent à distance des légistes s'étonnent de leur méthode con-
sistant à conclure de la forme au fond. Pour qu'une pratique ait eu
cours dans un temps déterminé, est-il indispensable qu'elle se soit
enfermée dans un moule scolastique, qu'elle ait pris une étiquette ?
Elle a pu très bien fonctionner confondue dans les contrats homo-
gènes de l'époque, sans qu'on lui ait donné une appellation particulière. — C'est exact. Mais, question d'étiquette à part, il y a
plus d'une raison de douter que la commission commerciale ait été
une convention usuelle chez les Romains. Le silence du Digeste est
significatif, car dans les fragments empruntés aux consultations des
prudents, la richesse des espèces est telle, que, si la commission
avait été usitée, les textes en auraient conservé la trace. Puis, quoi
qu'on fasse, le contrat auquel la commission se serait vraisemblablement le mieux apparentée, c'est le « mandat ». Or, le mandat en
droit classique est essentiellement gratuit ; il ne comporte pas de

---

[1] *Op. cit.*, p. 331.

[2] Suivant Delamarre et Le Poitvin (*Traité de droit commercial*, 2ᵉ vol., avant-
propos, p. 6), la commission proviendrait des restrictions que le droit du moyen
âge apportait, en dehors des lieux et des époques de foires, au commerce des étran-
gers. L'étranger était obligé de recourir au ministère d'un indigène qui devait traiter les contrats comme s'il le faisait pour lui. — Grünhut, *Das Recht des Kommis-
sions handels*, p. 10 et s., fait découler la commission de la tendance à partir du
xvᵉ siècle à remplacer le facteur à distance par un correspondant ayant sa maison
à soi et d'un concours moins coûteux. — Des conjectures plus précises et mieux
appuyées sur les sources ont été formulées par des auteurs récents, notamment par
Huvelin, dans son *Essai sur les marchés et les foires*. Mais cette question est à
côté de la présente étude, elle n'en forme pas l'objet, et je passe.

rémunération, il constitue office d'amitié. Qu'est-ce qu'une commission dans laquelle le concours de l'agent n'est pas rétribué? On a fini par autoriser, dans le mandat, la convention d'une redevance, d'un *honorarium*. Mais, comme cette redevance ne pouvait être réclamée en justice que par voie de *cognitio extraordinaria*, comme, d'autre part, les cas exceptionnels où cette redevance était permise semblaient viser surtout les offices d'ordre libéral, tout porte à croire que la commission n'a pas été comprise dans une de ces exceptions, et qu'elle se serait assez mal accommodée d'un salaire impossible à obtenir par l'action même du contrat.

Dira-t-on que les Romains ont bien pu se servir de la commission en l'interprétant non comme un mandat, mais comme un « louage d'ouvrage ou de services », contrat qui laisse une rétribution, une *merces* à l'opérateur? Divers textes[1] laissent en effet supposer que les anciens n'élevaient pas entre le mandat et le louage la barrière qui, dans l'école française moderne, sépare l'accomplissement des actes juridiques et la confection de travaux matériels. Mais il resterait toujours à expliquer pourquoi le Digeste demeure muet sur l'application qui aurait été faite de notre convention, et cette prétérition est une révélation de non-emploi.

Quant à savoir d'où vient le retard mis par les anciens à pratiquer la commission, c'est un problème sur lequel un point d'interrogation reste suspendu. Les Romains, tant pour leurs approvisionnements que pour l'écoulement de leurs produits, étendaient la main sur les marchés situés dans les différentes dépendances de l'Empire. Ce que les Italiens accomplissaient au moyen âge dans leurs relations soit avec le Levant, soit avec la France ou les Flandres, on ne voit pas pourquoi les Anciens ne l'auraient pas fait déjà, et même avec plus de succès et de continuité, sur des territoires pacifiés formant dans leur ensemble une même souveraineté. Grünhut[2] et Lepa[3] font observer, sans doute, que les Romains pratiquaient de préférence le commerce en élisant des préposés, le plus communément leurs fils ou leurs esclaves, auxquels ils confiaient des comptoirs qui demeuraient leur propriété. La représentation du maître ou du

---

[1] Notamment la loi 22, *Praesc. verbis.*
[2] *Das Recht des Kommissionshandels*, p. 3.
[3] *Ueber den Ursprung des Kommissionshandels*, dans la *Zeitsch. f. H. R.*, 26 v., 1881, p. 442.

père de famille par la gestion des personnes en puissance aurait suffi aux exigences de l'époque. Ce n'est là, malheureusement, qu'une affirmation sans preuve. Tous les importateurs d'épices, de pourpre ou de soieries d'Asie en Italie ne pouvaient pas s'imposer la charge d'une installation de facteur permanent dans un port de la mer Égée, et cette factorerie travaillant pour le compte d'un seul aurait eu peu de chance de couvrir ses frais. En telle sorte que, jusqu'à plus ample découverte de sources, nous devons avouer qu'il y a là un côté de la vie économique des Anciens qui demeure assez énigmatique.

Ce qui ne tient plus de l'énigme, et ce que je me propose d'examiner, c'est la convention d'*aestimatum*, le « contrat estimatoire »; lequel paraît avoir été fort en vogue dans le négoce romain, et dont on peut dire qu'il se relie à certains égards à la commission. On sait que l'*aestimatum* est le contrat innommé que l'Édit a choisi comme type, qu'un titre, fort court il est vrai, lui a été réservé au Digeste (XIX, 3), avant le titre *Praescriptis verbis* dont il n'est séparé que par les textes sur l'échange, et que l'opinion la plus accréditée parmi les romanistes est qu'il fut le premier reconnu de tous les contrats innommés.

En quoi consiste l'opération? *Res aestimata vendenda datur.* Celui qui la reçoit compte la vendre. Mais il se peut qu'aucun acquéreur ne se présente, qu'il n'arrive pas à s'en défaire. *Ipsam rem debebit incorruptam reddere, aut aestimationem de qua convenit* (L. ı pr. et § ı, *h. t.*). Le contrat laisse donc au preneur de la marchandise, dans un délai tantôt préfixe et tantôt laissé à la bonne foi des parties, l'alternative entre la restitution de l'objet ou le paiement d'une somme convenue que nous appellerons, pour tout simplifier, un prix.

Ainsi compris, le marché, loin d'avoir un caractère insolite, répond aux besoins courants de certains commerces, et continue à se traiter actuellement. C'est un négociant en gros ou une maison de fabrique qui se met en rapports avec un détaillant afin d'obtenir par son ministère l'écoulement de ses produits. Le détaillant pourrait acheter ferme à un prix faible, susceptible de lui laisser un bénéfice sur la revente future. Ce serait pour le vendeur la meilleure situation. Mais sa contre-partie ne tient pas à courir le risque de mévente, surtout s'il s'agit d'articles de valeur. Le détaillant ne veut pas davantage engager fonds de roulement dans des approvisionnements qu'il n'est pas sûr de placer. Il est donc convenu qu'il pourra rendre les marchandises s'il ne les écoule pas, et qu'il n'aura aucune somme à verser pour celles qu'il restituera. Il ne lui sera facturé que les exemplaires qu'il ne représente pas, probablement parce qu'il les a vendus, et le prix porté en facture est celui dont les parties sont convenues à l'origine.

C'est de préférence dans l'ordre de la bijouterie que nous voyons la fabrique et le magasin traiter sous cette modalité : la devanture de ce dernier scintille de parures, de diamants, de montres ouvragées que le passant croit appartenir en propriété définitive au boutiquier, tandis que celui-ci ne les a reçues qu'en dépôt, et moyennant un prix éventuel dès à présent convenu. Pour la « vente à condition », les éditeurs procèdent absolument de même manière envers les libraires, pour écouler leurs ouvrages ; la vente du livre, particulièrement du livre — nouveauté, est surtout affaire de vogue, et la pensée d'accumuler un stock n'a pour le débitant rien de réjouissant. — Il n'est pas jusqu'à la modeste industrie du colportage qui ne se prémunisse contre les aléas de la vente en traitant sous cette clause de prudence. Les crieurs des rues rapportent le soir au bureau du journal les exemplaires qu'ils n'ont pu réaliser, et il leur en est tenu compte ; si le journal fait « boire le bouillon » au porteur, il lui consent sur l'ensemble une remise beaucoup plus forte, ce qui n'est que justice.

En tant que moyen pratique de pourvoir au placement de la marchandise dans le monde des consommateurs, notre convention est très bien imaginée. Si les jurisconsultes lui font l'honneur de la citer et de l'analyser en tête des contrats innommés, c'est bien la preuve qu'elle était sous leurs yeux d'un emploi journalier.

Les interprètes du droit moderne n'ont, pas plus que les anciens, le droit de s'en désintéresser. Le Code civil français ne s'occupe pas de cette opération, et notre bibliographie la passe également sous silence. Elle tient en revanche une assez grande place dans le droit allemand, qui la qualifie de *Trœdelvertrag*, expression peu juste, le *Trœdler*, par son étymologie, étant un marchand de friperie, d'effets brocantés. Lors de l'élaboration du nouveau Code civil de l'Empire, on s'est demandé s'il convenait de la règlementer. On y a renoncé, parce qu'on a cru préférable de laisser les parties libres dans chaque affaire particulière de faire prévaloir leur volonté présumée. Cette méthode est de valeur discutable, elle crée l'incertitude. Le Syndicat des libraires allemands, dans son assemblée du 26 avril 1891, a arrêté un statut destiné à faire loi dans les rapports des éditeurs et de leurs dépositaires, et la vente à condition y est l'objet d'une règlementation précise. Plusieurs Codes antérieurs au Code civil allemand s'étaient attachés à consacrer à l'*aestimatum* romain des dispositions plus ou moins étendues : l'*Allgemeines Landrecht* prussien, I, 11. §§ 511-526, le Code civil du royaume de Saxe, §§ 1291-1294. On trouve également quelques articles qui le concernent dans le Code civil autrichien, §§ 1086-1088. Mais, par contre, il n'en est rien dit dans le Code de commerce allemand, pas plus bien entendu que dans le nôtre[1].

Nous sommes ainsi amenés à rechercher les obligations que cette convention fait naître, sans trouver dans le droit moderne un aide bien appréciable, et en nous inspirant des dispositions romaines.

Quels effets devait-elle et doit-elle aujourd'hui encore produire ? Ceux que les parties ont voulu lui communiquer. C'est là, malheureusement, un cercle vicieux, une proposition qui ne résout rien ; car, dans le laconisme de leur langage et de leur correspondance, les opérateurs n'ont pas pris la peine de développer leur contrat, et il faut faire appel à la loi pour obtenir des éléments d'interprétation.

Mais la loi elle-même, comment va-t-elle statuer ? Cela dépend de la nature du contrat qui est à la base de l'accord intervenu ; les contrats produisant, à côté de résultats qui leur sont communs à tous, des effets respectivement différents aux uns et aux autres. On est donc acculé à la nécessité de déterminer le contrat.

---

[1] Il y aurait une citation très étendue à faire, si l'on voulait dresser le tableau des différents passages où les auteurs se sont arrêtés à discuter la nature et la portée de l'*aestimatum* ou de la convention moderne qui en tient lieu. Dans l'école française, et parmi les romanistes, seuls auteurs, répétons-le, à l'avoir examiné, *cf.* Demangeat, *Cours élémentaire de droit romain*, 2e éd., II, p. 587; Accarias, *Précis de droit romain*, II, n° 653, et *Contrats innommés;* Girard, *Manuel élément.*, 3e éd., p. 590; Cuq, *les Institutions juridiques des Romains*, II, p. 446. Dans l'école allemande, voir Chambon, *Beiträge z. Obl. R.*, I; Brinz, *Krit. Blätter*, n° 1; Unger, *Jahrb. f. Dogm.* 8, p. 18; Holtzendorff, *Encycl. Rechtslex*, 2e éd. de 1875, v° *Trödelvertrag ;* Treischke, *Rechtsgrunds. v. Kommiss*, § 8; Dernburg, *Preuss. Privatr.*, II, § 189; Grünhut, *Das Recht des Kommiss. h.*, p. 50, note ; Cosack, *Lehrb. des Bürgerl.*, R., I, § 138, et *Lehrb. d. H. R.*, § 84, etc.

C'est ici que les prudents ont vu très nettement la difficulté de la tentative, l'opération touchant simultanément à plusieurs contrats nommés. Aussi, sans répudier absolument la thèse qui rattacherait l'opération, selon les circonstances, soit à la vente, soit au mandat, soit à une autre convention, ont-ils cru préférable de la placer dans tous les cas sous le couvert du contrat innommé sanctionné par l'action *praescriptis verbis*. On est en face d'une entente synallagmatique, ou plutôt d'une prestation actuellement faite, le dépôt de la marchandise à vendre, en retour de laquelle le dépositaire s'oblige à fournir la restitution de cette marchandise ou une somme d'argent à sa convenance. Les jurisconsultes, en isolant la convention de la masse flottante des marchés quotidiennement échangés, s'engageaient à rechercher les conséquences de droit qu'elle engendrerait, et c'est ce qu'ils ont fait.

On hésite entre plusieurs contrats. Quel est celui que l'*aestimatum* renferme en soi ?

Le « contrat de mandat » ? Le jurisconsulte répond non, et à bon droit. En dépit d'une ressemblance superficielle, le marché dont nous parlons se sépare manifestement du mandat ou de la commission commerciale. Négligeons l'objection que le mandat est gratuit, elle n'aurait pour notre droit moderne aucune portée. Mais le rôle que doit tenir le détaillant dans le placement de la marchandise est très différent de celui qu'exerce un commissionnaire. Si l'on rattachait l'opération à la commission, c'est de la commission de vente qu'elle dépendrait. Le commissionnaire vendeur et le détaillant qui a pris la marchandise « à condition » ne sont-ils pas tous deux chargés d'écouler les articles d'un donneur d'ordre ? Ne concourent-ils l'un et l'autre à ouvrir le marché à une fabrication déterminée ? Voici cependant où est la différence.

Le mandataire prend l'engagement de déployer son activité pour découvrir des acheteurs ; l'acheteur à condition ou celui que je dénomme ainsi ne contracte aucune obligation pareille. Son correspondant n'est pas admis à lui reprocher son inertie, sa faible ardeur à amorcer la clientèle. Il a mis la marchandise en étalage, il ne l'y a pas mise, cela ne regardait que lui.

Le mandataire se fait l'homme du mandant ; tous les profits recueillis sur la marchandise de celui-ci doivent lui être reversés, l'intermédiaire ne pouvant retenir que la rémunération convenue. Il faut qu'il rende compte des marchés traités avec les tiers, et s'ils sont plus avantageux que l'ordre de vente ne les laissait paraître, l'excédent de prix obtenu reviendra au commettant. On est tellement strict dans la jurisprudence française à forcer le commissionnaire d'entrer dans la cause de son mandant sans jamais se créer un intérêt personnel contraire, que la justification d'une contre-partie peut toujours lui être demandée et que la convention tombe s'il appert que le commissionnaire s'est appliqué la marchandise à lui-même.

Ce n'est pas du tout ainsi que les choses se passent dans l'*aestimatum*. Le détaillant offre le montant de l'estimation. La marchandise a-t-elle donc été vendue? On n'en sait rien. Peut-être le dépositaire l'a-t-il conservée pour lui, se réservant de la vendre plus tard à un meilleur prix lorsqu'elle sera devenue rare. Peut-être même ce prix meilleur a-t-il déjà été obtenu, ce qui signifie que le prix fort, dont on avait coté l'article, a été dépassé par le débitant. Il n'importe. Le déposant ne peut pas exiger qu'il lui soit fait état du surplus[1]. L'intermédiaire s'est ainsi ménagé un boni supérieur à celui que l'on avait en vue lors du dépôt, ce qui est contraire à l'essence de la commission.

Pas plus que n'influe sur le droit des parties le point de savoir si les articles ont été vendus ou non, pas plus n'importe le fait par les acheteurs d'avoir ou non réglé leur prix. Il arrive que le détaillant, faute d'exiger le paiement comptant de certains de ses clients, apprend plus tard qu'ils ne sont plus en mesure de s'acquitter envers lui. Si l'on était en présence d'un commissionnaire vendeur, à moins de faute établie, ce fait n'engagerait pas la responsabilité de l'agent. Il aurait pu sans doute se constituer « ducroire ». Ne l'ayant pas fait, il n'assume pas le risque d'insolvabilité de ses clients. La perte est pour le commettant. — Ici la perte est bien pour le détaillant. Il n'a pas à arguer vis-à-vis du marchand en gros de la composition de sa clientèle. Celle-ci doit rester ignorée du déposant. L'engagement pris envers lui est alternatif : ou rendre la marchandise ou servir

---

[1] La loi 13 fr. *Praesc. verb.* suppose que la convention, après avoir estimé l'objet, renferme une clause formelle spécifiant que la majoration que le dépositaire parviendrait à réaliser, *quo pluris vendidisset*, lui appartiendrait, *sibi habeat.* Ulpien refuse de voir dans cette opération une société, et il opine pour le contrat innommé, c'est-à-dire vraisemblablement pour l'*aestimatum*.

la somme convenue. Si le dépositaire n'est pas en mesure de faire la première de ces deux prestations, il faut qu'il exécute la seconde. A cet égard, il répond de la force majeure.

N'est-il pas encore certain que, tandis que l'ordre de commission est toujours révocable, le placement de la marchandise chez un détaillant qui en trouvera la vente constitue une opération ferme que le déposant ne peut pas rompre à sa fantaisie? Il y a toujours un délai soit moral, soit même exprès, apposé à l'exécution du marché, à la reddition du compte. Le délai venu, trois mois par exemple, le dépositaire devra prendre parti, et s'il ne verse pas la somme, la partie adverse pourra reprendre les objets déposés. Mais, aussi longtemps que le terme n'est pas échu, c'est à tort et contre toute parole que le fabricant voudrait dessaisir la contre-partie du stock qu'il lui a confié.

Ulpien, dans la Loi 1, aurait pu se demander tout aussi bien si l'*aestimatum* tenait du « dépôt ». Il aurait répondu encore par la négative. Le dépôt pourvoit à la conservation de la chose, non pas à son placement. Le dépositaire ne peut pas aliéner l'objet sous peine d'abus de confiance. Dans la vente à condition, le preneur ne commet aucun détournement le faisant tomber sous le coup de l'article 408 du Code pénal. Soit qu'on le considère comme propriétaire depuis le moment où la marchandise lui est remise, soit qu'il n'ait pas cette qualité, il a certainement tout pouvoir pour vendre (Crim. rej., 22 juin 1860, S., 60, I, 917, D., 60, I, 471.)

Mais, si le jurisconsulte ne songe pas au dépôt, il se préoccupe, par contre, de savoir si l'*aestimatum* répond à un « louage », et ici encore il dit, indirectement au moins, que non. On ne peut pas plus le faire rentrer dans le cadre du louage de choses que dans celui du louage d'ouvrage. Il n'est pas un louage de choses, car les objets du contrat ne sont pas fournis au preneur pour sa jouissance personnelle et il ne paie pas un loyer. Il n'est pas un louage d'ouvrage, car, ainsi qu'il a été dit à propos du rapprochement de l'opération avec le mandat, le détaillant ne prend aucun engagement d'exercer son travail au profit du déposant.

Il reste à se demander si l'*aestimatum* n'est pas de la famille de la « vente ». De toutes les hypothèses, elle est celle qui se présente à l'esprit la première; c'est également par elle que commence le jurisconsulte. Il trouve que le rapprochement de l'opération avec la

vente est aussi discutable qu'avec le louage ou avec le mandat. Ici,
il est permis de ne pas s'associer aux scrupules d'Ulpien, et de
croire qu'on aurait donné à l'*aestimatum* plus de relief en lui communiquant très franchement le caractère de la vente. Certains de
ses effets, dont je reparlerai dans un moment, se seraient beaucoup
mieux expliqués si l'on avait vu une vente comme assise de l'opération.

Les préventions des prudents contre l'assimilation de l'*aestimatum* à la vente doivent tenir au même motif que leur hésitation à
consacrer les pactes résolutoires par les actions de la vente : est-il
logique, au cas où le défaut de paiement du prix autorise le vendeur à rentrer en possession de la chose *(lex commissoria)*, qu'il la
réclame par l'*actio venditi*, puisque les parties se rétablissent dans
l'état où elles étaient avant la vente? Si les Sabiniens tiennent pour
l'action de vente, les Proculiens tiennent pour l'action *praescriptis
verbis* [1]. Dans le cas présent, l'opération peut aboutir à la restitution
de la chose. Le déposant, dans l'action qu'il exerce, devra laisser
au preneur l'alternative de payer ou de rendre. S'il était sûr que le
preneur dût toujours choisir le premier parti, le rattachement de
l'*aestimatum* n'aurait pas fait sérieuse difficulté : *ex vendito est actio
propter aestimationem*. Mais, s'il doit préférer la restitution, comment pourra-t-on dire que le déposant a dirigé une réclamation de
vendeur contre lui, la vente se trouvant résolue ?

Cette crainte de contrevenir à la correction du raisonnement honore les jurisconsultes. On pouvait cependant procéder avec plus de
hardiesse. La convention est bien une vente, affectée sans doute
d'une modalité qu'il n'est pas très commode de préciser. « Je vous
achète, dit le preneur, tel nombre de marchandises et pour tel prix,
à condition dans les trois mois (ou dans tel autre délai spécifié)
d'en avoir trouvé le placement. Comme je n'aurai pas à justifier
de ce placement, la situation est la même que si la condition
portait sur le fait par moi d'agréer les marchandises après un
temps de possession, d'en agréer une partie et de repousser le
reste. »

Soit, mais la condition est-elle de nature « suspensive » ou « résolutoire » ? Sommes-nous en face d'une vente susceptible d'exécu-

---

[1] Thèse contestée par Girard, 3e éd., p. 715, note 3 et 716, note 1.

tion immédiate, mais dont un événement futur peut entraîner l'anéantissement avec rétroactivité? Ou bien les obligations des parties demeurent-elles en suspens jusqu'à ce que l'on sache le parti pris par le preneur, et la vente ne commence-t-elle à produire effet qu'après que l'acheteur a offert la somme? La question est embarrassante, parce que, d'une part, la livraison immédiate de la marchandise au preneur suggère la pensée d'une vente exigible et seulement résoluble, tandis que le renvoi du paiement à la date où ce preneur prendra parti fait croire plutôt à une vente jusque-là suspendue.

Or, voici quelles sont les applications pratiques attachées au problème. On peut en relever deux au moins, la question de « propriété de la marchandise » et celle des « risques ». Ni l'une ni l'autre n'a échappé à la clairvoyance des prudents.

1° Que le détaillant, lorsqu'il parvient à placer la marchandise, en rende les clients propriétaires, cela ne fait pas question. J'estime que la transmission de propriété aura été double. L'objet a passé d'abord dans les biens du détaillant. Mais avant cet écoulement des produits, et aussi longtemps que l'on ignore quel parti le preneur prendra, doit-on envisager le déposant comme ayant conservé la propriété quoique la chose soit aux mains d'un autre? C'est très important pour le cas de faillite du dépositaire. Le marchand en gros ou fabricant pourra-t-il revendiquer son bien, le reprendre par préférence à la masse ou, au contraire, sera-t-il réduit à produire au marc le franc?

Si l'on opte pour la première solution, c'est le sort fait par la loi au commettant, dans l'article 575, alinéa 1er Code comm., à propos de la faillite du commissionnaire vendeur, qu'on va étendre au livreur de marchandise à condition.

En ramenant l'opération à une « vente sous condition suspensive », on raisonnera ainsi : tant que la condition ne s'est pas accomplie, le transport de propriété n'a pas été effectué, la mise en dépôt ne saurait en tenir lieu, les droits du fabricant sont sauvegardés.

Si on l'interprète comme une « vente sous condition résolutoire », la propriété a passé au preneur, ce qui exclut la revendication du *tradens*. Sans doute, par suite de l'impossibilité où la faillite met le preneur d'acquitter l'*acstimatum*, le livreur peut user de l'action en résolution du marché, basée sur les articles 1184 et 1654 Code civil, ce qui le fait rentrer dans sa propriété *ex antiqua causa*. Mais, d'un autre côté, le droit des faillites ne permet pas au vendeur de se réintégrer dans la possession de la chose vendue en cas de faillite de l'acheteur, à raison du non-paiement du prix. Il doit se contenter d'un dividende (théorie des art. 550 et 576 C. com.). Avec cette décomposition on aboutit à une solution moins favorable qu'avec la précédente.

Que disent les jurisconsultes romains? Ulpien distingue. Le marchand en gros a-t-il, après que le compte des marchandises lui a été rendu, fait crédit au preneur pour le paiement de la somme (texte d'ailleurs amphibologique) : il sera traité au dividende, car il s'est dessaisi de la propriété. Autrement, c'est-à-dire dans la communauté des cas, le marchand a conservé la propriété par devers lui. Pourquoi? Parce que tel est le droit dans la vente (§ 41, Inst. *de div. rer.*) et que le marchand est un véritable vendeur. L'aveu d'Ulpien est bon à retenir. Tandis que dans la loi 1re *de aestimatoria* il hésitait à ranger l'opération sous la vente, la classant au nombre des contrats innommés, ici il se ravise, et la règle qu'il pose est celle-là même qui a cours dans la vente, soit la réserve de propriété nonobstant délivrance, à moins que le vendeur n'ait pour le prix clairement suivi la foi de l'acheteur (L. 5, § 18, *de tribut. act.*, 14,4[1]). Finalement, c'est bien à une vente au comptant que le jurisconsulte assimile la remise de marchandises destinées à la vente, puisqu'il base sa solution sur la conservation de la chose au vendeur dans la vente pure et simple, à moins de crédit concédé.

C'est donc, dans notre droit moderne, la vente sous condition suspensive qui doit l'emporter, car elle seule préserve de la même manière les intérêts du fabricant. Celui-ci est resté propriétaire, il revendiquera, si la marchandise se retrouve en nature, elle lui sera attribuée par préférence nonobstant déconfiture ou faillite du détenteur[2]. On dira bien que les autres créanciers du boutiquier ne savaient pas que ces articles mis en montre fussent la propriété d'un autre et qu'ils les avaient considérés comme leur gage à eux. Mais

---

[1] M. Girard fait observer à ce propos (p. 591) que, faute par la propriété d'avoir été transférée, l'*aestimatum* ne rentre pas dans la combinaison *do ut des*, pas plus d'ailleurs que dans celle *do ut facias*. La *datio* n'a point lieu au moment de la remise de la marchandise.

[2] En ce sens l'*Allgem. L. R.* prussien.

leur crédulité n'a-t-elle pas été excessive et, lorsqu'on voit un ensemble d'assortiments dans un magasin, est-on bien autorisé à croire, sur la seule foi des apparences, que ces assortiments appartiennent au débitant, dégrevés de toute espèce de charge? Au moins pour certaines catégories d'articles, à raison des usages suivis dans le commerce, le devoir des créanciers était de s'informer.

2° Il reste à envisager la question des risques. Les objets déposés périssent par incendie ou autrement, mais sans la faute du débitant, pendant qu'ils sont dans son magasin ; ou bien on les lui a dérobés par le moyen d'un vol ou d'une escroquerie. En doit-il le prix, l'estimation au déposant? Dès l'instant qu'on se prononce en faveur d'une vente affectée d'une condition suspensive, le problème se tranche de lui-même. La chose demeure aux risques de celui de qui elle provient, aux risques de celui qui a stipulé une contre-valeur en échange. On suit la règle de l'article 1182 Cod. civ. en en modifiant les termes pour approprier cette disposition au cas présent. L'interprétation de la convention comme vente sous condition résolutoire aboutirait à une conséquence diamétralement contraire.

Les textes romains présentent ici une antinomie. Le fragment qui forme le paragraphe 1 de la loi 1re d'Ulpien au titre *de aestimatoria* statue dans un sens opposé à celui que j'accepte comme conséquence de la condition suspensive : le risque incombe au preneur, au détaillant. Mais le même jurisconsulte rétracte plus loin son opinion, ou il ne la maintient que dans un seul cas, dans celui où le preneur a sollicité l'autre partie à conclure le marché. En toute autre hypothèse, le débitant qui a perdu la chose sans sa faute est libéré[1] (L. 17, § 1. *Praesc. verb.*).

C'est cette dernière solution qui est la bonne et qu'il faut retenir. On aurait tort de s'attacher à savoir quelle est la partie sur l'initiative de laquelle le contrat s'est formé : cet élément de fait sera le plus souvent impossible à établir ; qui donc des deux opérateurs a offert ses services au second et n'ont-ils pas été généralement l'un au-devant de l'autre[2]?

Ainsi, tout en refusant à la vente à condition le caractère d'une

---

[1] V. une conciliation des deux textes dans Dernburg, II, § 120, et dans Accarias, n° 653, note.

[2] Dans ce sens, l'*Allg. L. R.* prussien, ainsi que le Code du royaume de Saxe (Holtzendorff, *op. cit.*, v° Trödelvertrag).

commission, et après avoir écarté d'elle un certain nombre des effets attachés à la commission de vente, tels que la nécessité de rendre compte des prix réellement obtenus de la clientèle, nous concluons, sur le double terrain du « transfert de propriété » et des «risques », à une identité de résultats pour ces deux opérations. Comme le commettant qui a mis sa marchandise en consignation, le livreur à condition est garanti contre l'insolvabilité du preneur du produit survenant avant la revente. Comme ce même commettant, il est exposé à perdre sa chose, sans pouvoir prétendre à un équivalent, si elle vient à périr dans les magasins du preneur Ce n'est point par une identité de constructions juridiques que nous arrivons à des conséquences pareilles, car un mandat nous apparaît d'un côté, et une vente conditionnelle de l'autre, deux conventions assez différentes pour ne pas être confondues.

Ce qui demeure certain, c'est que la piste sur laquelle nous avons dû nous engager afin de déterminer les traits spécifiques du contrat estimatoire, ce sont les jurisconsultes classiques qui nous l'ont ouverte, et que, si nous avons été induits à donner plus d'unité au raisonnement juridique qu'ils ne l'avaient fait lorsqu'ils créaient en marge de la vente un contrat innommé, jugé maintenant superflu, à tout le moins devons-nous avouer que les Romains ont bien fait de retenir notre attention sur une opération usuelle, essentiellement propice au rayonnement du commerce. Leurs solutions sont celles que nous appuyons à notre tour, car elles ont le double mérite d'être bien coordonnées et de porter la marque de leur génie pratique.

L'expérience qui vient d'être faite sur un petit coin du droit privé pourrait être reprise un nombre de fois illimité. Elle finirait, en se multipliant, par persuader les incrédules que la technique des contrats et des marchés modernes, c'est toujours au cœur de la législation romaine qu'il faut aller la prendre.